gallina

kana

gallo

kukko

pollito

tipu

patito

ankanpoika

pavo

kalkkuna

burro

aasi

cisne

joutsen

rana

sammakko

mapache

pesukarhu

oso

karhu

ardilla

orava

mosca

kärpänen

mariquita

leppäkerttu

gusano

mato

caracol

etana

babosa

etana

abeja

mehiläinen

araña

hämähäkki

escarabajo

kovakuoriainen

libélula

sudenkorento

león

leijona

cebra

seepra

jirafa

kirahvi

rinoceronte

sarvikuono

serpiente

käärme

mosquito

hyttynen

tortuga marina

merikilpikonna

hipopótamo

virtahepo

caimán

alligaattori

cocodrilo

krokotiili

tiburón

hai

morsa

mursu

pingüino

pingviini

oso polar

jääkarhu

foca

hylje

estrella de mar

meritähti

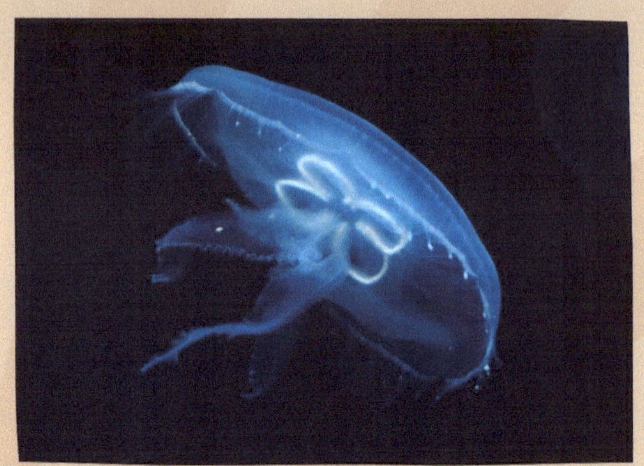

medusa

meduusa

conchas marinas

simpukat

pluma

sulka

11

once

yksitoista

12

doce

kaksitoista

13

trece

kolmetoista

14

catorce

neljätoista

15
quince

viisitoista

16
dieciséis

kuusitoista

17
diecisiete

seitsemäntoista

18
dieciocho

kahdeksantoista

19

diecinueve

yhdeksäntoista

20

veinte

kaksikymmentä

corazón

sydän

óvalo

ovaali

flecha

nuoli

creciente

puolikuu

curva

käyrä

espiral

spiraali

cruz

rasti

zigzag

siksakki

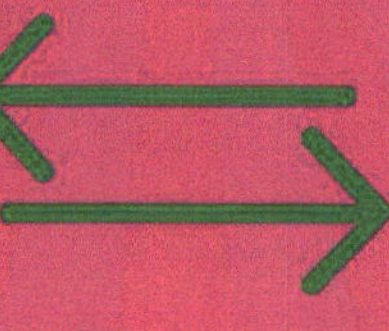

colores oscuros

tummat värit

colores claros

vaaleat värit

puntos

pisteitä

línea

viiva

bajo

lyhyt

alto

pitkä

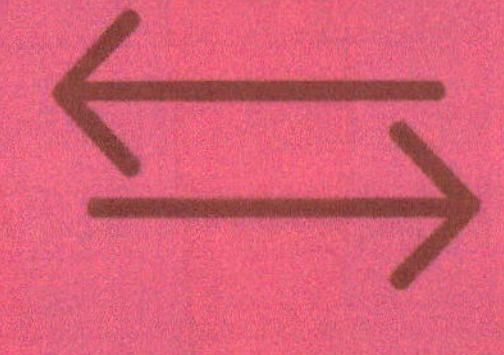

un poco

vähän

mucho

paljon

lleno

täysi

vacío

tyhjä

cabello rizado

kiharat hiukset

cabello liso

suorat hiukset

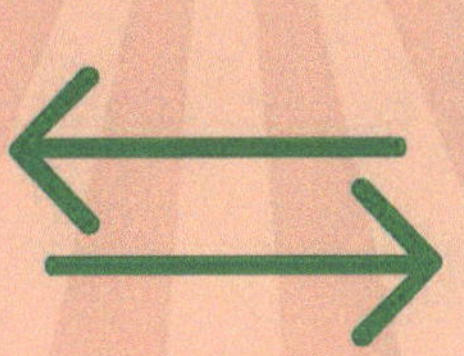

aceptar

hyväksyä

rechazar

kieltäytyä

idéntico

samanlainen

diferente

erilainen

seco

kuiva

mojado

märkä

juguetes

lelut

bloques

palikat

pelota

pallo

robots

robotit

lengua

kieli

nariz

nenä

cabello

hiukset

bigote

viikset

dedos

sormet

brazo

käsivarsi

rodilla

polvi

codo

kyynärpää

sonreír

hymyillä

beso

suukko

llorar

itkeä

dolor

kipu

cuerpo

keho

espalda

selkä

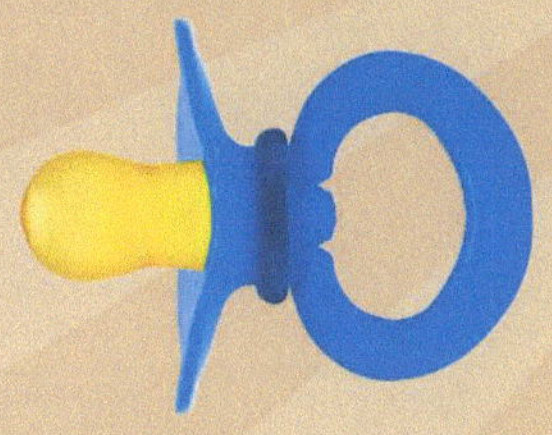

chupete

tutti

trona

syöttötuoli

jabón

saippua

cepillo de dientes

hammasharja

toalla

pyyhe

orinal

potta

anillo

rengas

pulsera

rannekoru

collar

kaulakoru

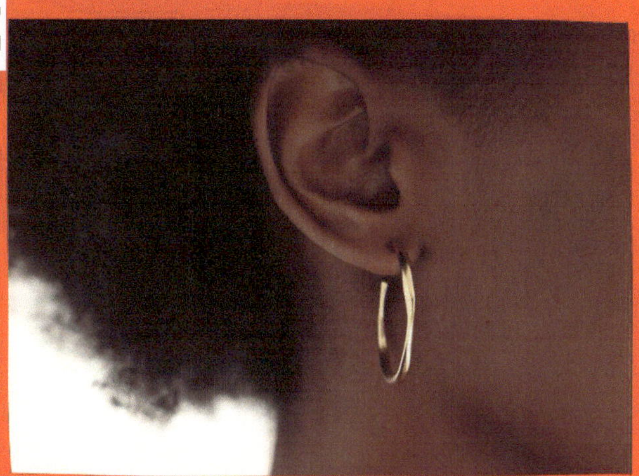

pendiente

korvakoru

chocolate

suklaa

palomitas

popcorn

mermelada

hillo

tostada

paahtoleipä

miel

hunaja

mantequilla

voi

pan

leipä

helado

jäätelö

sémola

mannasuurimot

arroz

riisi

pasta

pasta

sopa

keitto

leche

maito

agua

vesi

zumo

mehu

kiwi

kiivi

frambuesa

vadelma

pomelo

greippi

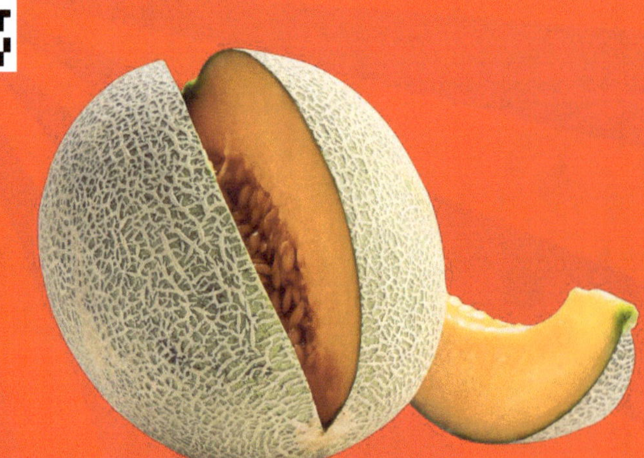

melón

meloni

ciruela

luumu

albaricoque

aprikoosi

granada

granaattiomena

higo

viikuna

arándano

mustikka

arándano

karpalo

caqui

persimoni

lichi

litsi

frutas

hedelmiä

verduras

vihannekset

aguacate

avokado

judía verde

vihreä papu

brócoli

parsakaali

berenjena

munakoiso

guisantes

herneet

pimiento

paprika

remolacha

punajuuri

lechuga

lehtisalaatti

endivia

endiivi

alcachofa

artisokka

puerro

purjo

cebolla

sipuli

ajo

valkosipuli

jengibre

inkivääri

nueces

saksanpähkinät

almendra

manteli

pistacho

pistaasi

anacardo

cashewpähkinä